für LOUANA

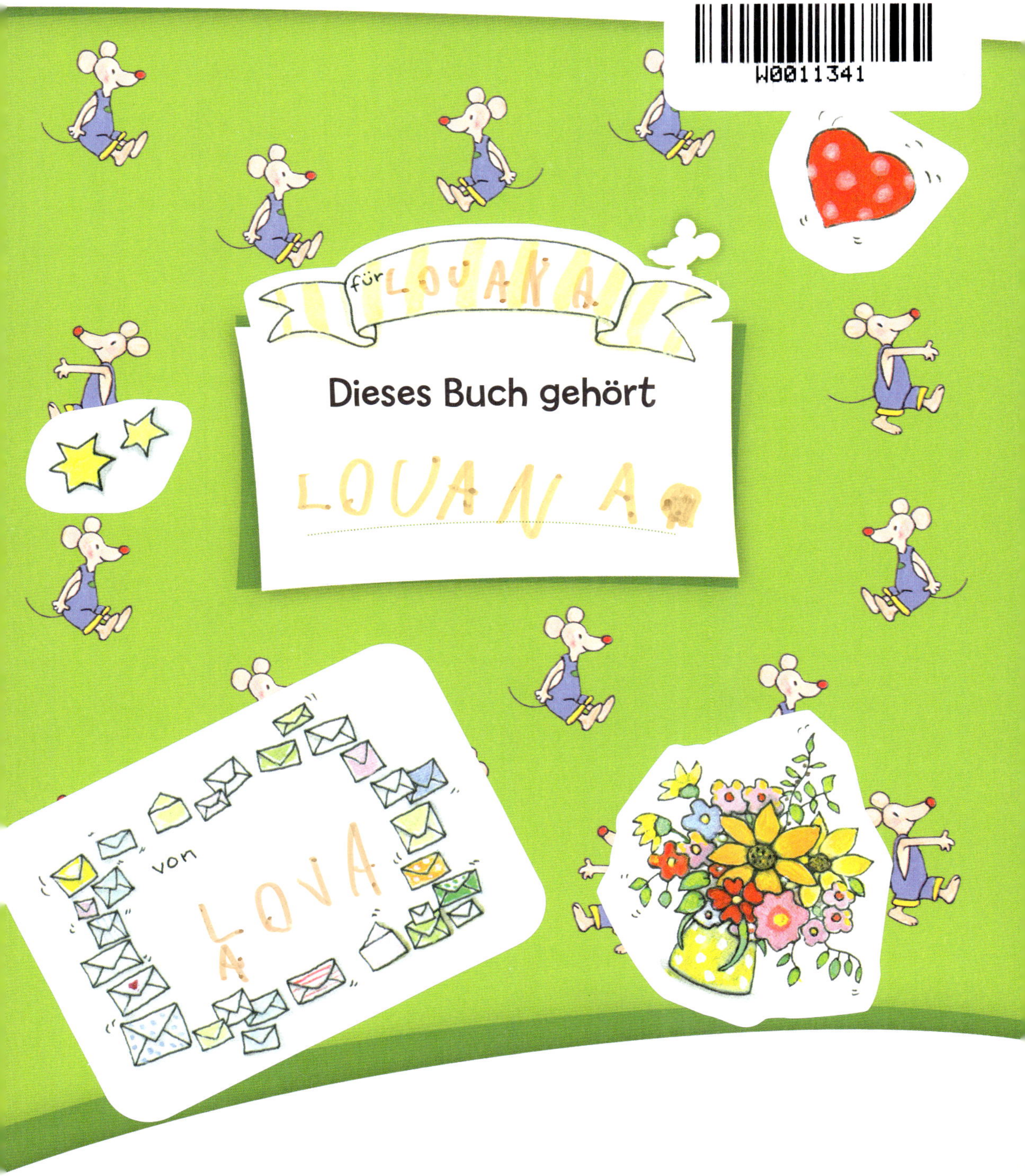

Dieses Buch gehört

LOUAN A.

von
LOVA
A

von mir

Liebe Eltern,

wir wollen Ihr Kind beim Lesenlernen unterstützen, und zwar mit spannenden und lustigen Geschichten.

Unsere Bücher mit der liebenswerten Bildermaus begleiten Ihren Sohn oder Ihre Tochter durch die Vorschule. Sie enthalten kurze Geschichten mit einfachen Sätzen sowie großer und leicht lesbarer Schrift. Hauptwörter werden durch kleine Bilder ersetzt. Lesen Sie die Geschichten vor und lassen Sie Ihr Kind die Bilder selbst benennen. Am Ende finden Sie eine Bild-Wörterliste mit den einzelnen Bedeutungen. Viele bunte Illustrationen sorgen außerdem für Lesepausen und helfen, die Geschichte zu verstehen.

So wird der Spaß am Lesen geweckt, und Ihr Kind wird ganz nebenbei von der Bildermaus zum echten Leselöwen!

Ihre

Bildermaus

Dagmar Henze

Der kleine Delfin auf Schatzsuche

Illustriert von der Autorin

www.bildermaus.de

FSC
www.fsc.org
MIX
Papier aus ver-
antwortungsvollen
Quellen
FSC® C109273

ISBN 978-3-7432-0285-6
1. Auflage 2019
© 2019 Loewe Verlag GmbH, Bindlach
Umschlag- und Innenillustrationen: Dagmar Henze
Umschlaggestaltung: Ramona Karl
Vignetten Bildermaus: Angelika Stubner
Reihenlogo nach einem Entwurf von Angelika Stubner
Printed in the EU

www.loewe-verlag.de

Inhalt

Die Entdeckung

„Das musst du dir ansehen!",

schnauft Pippo. Er stupst Felix

mit der ![Flosse] an. „Das ist der

mega ![Hammer] ", bestätigt Mimi und

reißt dabei ihre ![Augen] weit auf. Die

beiden ![Delfine] meinen das alte ![Wrack] ,

das tief unten am ![Grund] liegt.

Gestern haben sie dort getaucht.

Das  gilt als gefährlich. Felix

ist noch nie dort gewesen. Er ist

schließlich noch ein kleiner .

Aber Mimi und Pippo sind schon

groß. Und mutig dazu.

Heute wollen die beiden das

erkunden. Nicht nur von außen.

Nein, sie wollen hineintauchen.

„In dem  soll es einen

geben", sagt Mimi. „Ganz aus

und   !", ergänzt Pippo.

„Das hat uns die alte

erzählt. Sie wohnt schon ewig an

der [Bild] des [Bild]." Felix staunt.

„Ein [Bild] ? Und wie kommt ihr

ins [Bild] ?", fragt er.

„Die  hat uns erklärt, dass

es ein großes  in der

des  gibt. Da passen

durch", sagt Mimi. „Da tauchen

wir rein und heben den  !

Kommst du mit?", ruft Pippo.

Felix wackelt aufgeregt mit den .

Natürlich will er mit, wenn sie nach

dem  tauchen. Der kleine

schwimmt nach , um es

Mama  zu erzählen. Aber

die guckt entsetzt.

„Nein, mein ", sagt sie.

„Das ist viel zu gefährlich. Das

ist alt und morsch. Eine einzige

große  kann das

einstürzen lassen. Ihr könnt euch

dabei verletzen."

14

Sosehr Felix auch bittet, Mama

bleibt hart. Felix darf nicht zum  .

Traurig lässt er die  hängen,

als er es Mimi und Pippo erzählt.

Den  werden die beiden nun

allein suchen müssen.

Gefährliche Welle

„Das ist viel zu gefährlich …", äfft

Felix Mama  nach. Wütend wie

eine  ist er weggeschwommen.

Jetzt paddelt er traurig in der

herum. Hier kennt er jede ,

jeden  und jede  .

„Wie langweilig", seufzt Felix.

Mit der  kickt er einen .

Der trifft  Sigi, der sich empört

zusammenrollt. Selbst als ihn

die  Madame Mydas ruft,

schüttelt er den . Die

kann spannend erzählen.

Sie ist schon uralt und hat viel

erlebt. Sie erzählt von mutigen ,

die das  unsicher machen.

Von gefährlichen , die

ganze  verschlingen können.

Und auch von  , die in ☐☐

liegen. Normalerweise hört Felix

ihr gerne zu. Aber heute findet er

alles doof. Insbesondere ☐☐,

die er nicht suchen darf.

Vielleicht könnte ich mir das

ansehen, denkt Felix. Er kennt

den  aus der  heraus und

schwimmt hinaus ins offene .

Das  ist tief und dunkel. Felix

kennt sich gar nicht mehr aus.

Doch dann sieht er das . Wie

eine alte  liegt es auf einem .

Es ist ein wenig gekippt.

Die schwarzen 🔲 🔲 und die

kaputten 🪵 sehen unheimlich

aus. Merkwürdige 🐟 gibt es

hier unten. Ein 🐟 blubbert Felix

komisch an. Felix' ❤️ klopft laut

und schnell.

Hoffentlich gibt es hier keine .

Felix will umdrehen. Da hört er

etwas! Waren das ? Felix

horcht angestrengt. Er schwimmt

näher ans  heran. Ja, das

müssen Mimi und Pippo sein!

Ganz jammervoll klingen sie. Wo

stecken die bloß? Das  ist

riesig. Der kleine weiß gar

nicht, wo er suchen soll. Vorsichtig

schwimmt Felix den und

das ab. Nichts.

„Hier sind wir!", ruft Pippo. „Es ist

das große  ganz unten", sagt

Mimi. Jetzt findet Felix das

in der  des . Es ist

schwarz wie die  .

„HILFE!", rufen die . „Ich

komme!" Felix will mutig wie

ein  durch das  tauchen.

Aber er passt nicht durch. „Wir

sind hier eingesperrt!", ruft Mimi.

Felix entdeckt ihre  .

Sie ist hinter dem . „Wir sind

hier durchgeschwommen. Dann

hat sich alles gedreht", sagt

Pippo. „Das war bestimmt eine

große  ", meint Felix.

„Dann ist ein großer  hinuntergekracht. Direkt vor das  . Wir sitzen fest!" Mimi schluchzt. „Ich helfe euch!", verspricht Felix. Aber wie?

Ein besonderer Schatz

„Du musst den ![Balken] verschieben",

ruft Mimi. Felix schiebt seine ![Flosse]

unter den ![Balken]. Uff, der ist schwer

wie ein ![Walross]. Er probiert es immer

wieder. Aber der ![Balken] bewegt sich

nicht. Dafür tut Felix' ![Flosse] jetzt

weh. Und rot ist sie auch.

„Ich schaffe es nicht allein", sagt

er. Er mag kaum in Mimis

ängstliche  sehen. „Ich komme

gleich wieder." Fieberhaft überlegt

Felix, wer ihm helfen könnte.

Da fällt ihm die  ein.

Vielleicht weiß sie, was zu tun ist?

Blitzschnell ist er bei ihr. „Ich kann

hier nicht weg. Frag doch Ottokar,

den ", sagt sie.

„Du kennst ihn doch, oder?"

Natürlich kennt Felix den .

Er lebt in einem alten , das aus

einem  fiel. Mit  kennt

sich Ottokar also bestens aus.

So schnell er kann, schwimmt Felix

zu ihm. Er klopft an das . Nichts

passiert. Felix klopft lauter. Tock,

tock. Endlich öffnet sich der .

„Wer stört? Ich schlafe", brummt

Ottokar müde.

Schnell erzählt Felix, was den

zugestoßen ist. Ottokar kratzt sich

am  . Er überlegt. „Alles klar,

ich helfe dir", sagt der .

„Aber ich schaffe es nicht allein.

Du musst noch jemanden holen."

Felix denkt nach. Natürlich,

Madame Mydas! Die

braucht er nicht lange zu bitten.

Sie hilft gerne. Zu dritt schwimmen

sie zum . „Gleich kommt ihr

heraus", ruft Felix den  zu.

Ottokar prüft den  genau.

„Die beiden stecken ja ganz schön

in der . " Er lacht. Felix findet

das gar nicht witzig. Endlich legt

der sechs seiner acht

an den .

Er hat viele  an jedem .

Und stark ist Ottokar! Ganz

langsam hebt er den  an.

Dann schiebt sich Madame Mydas

mit ihrem  unter den .

Jetzt ist das  groß genug.

Schnell wie 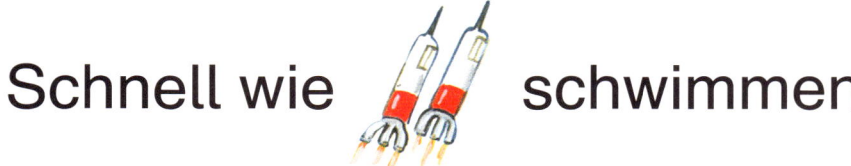 schwimmen

die   hinaus. Madame Mydas

krabbelt vorsichtig unter dem

hervor. Dann lässt Ottokar ihn los.

Mimi und Pippo umarmen Felix.

Der  klatscht sie ab. Gar

nicht so einfach, bei den vielen .

„Und wo ist der ?", fragt Felix.

„Da ist kein !", rufen die  .

Die alte  wackelt mit

dem . „Doch, Felix ist jetzt

unser !" Der kleine  lacht.

Das sagt Mama auch immer!

Die Wörter zu den Bildern:

 Flosse

 Diamanten

 Hammer

 Seepocke

 Augen

 Wand

 Delfine

 Loch

 Schiffswrack

 Haus

 Riff

 Holz

 Schatz

 Welle

 Gold

 Feuerqualle

 Bucht

 Piraten

 Koralle

 Meer

 Fisch

 Seeungeheuer

 Höhle

 Boote

 Schwanzflosse

 Weg

 Stein

 Wasser

 Seeigel

 Burg

 Schildkröte

 Felsen

 Kopf

  Luken

 Bretter

 Fass

 Herz

 Deckel

 Bug

 Tinte

 Heck

 Arme

 Nacht

 Saugnäpfe

 Balken

 Panzer

 Schnauze

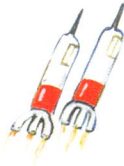 Raketen

 Walross

 Tintenfisch

Dagmar Henze wurde 1970 in Stade an der Unterelbe geboren. Schon als Kind liebte sie es, auf dem Deich zu stehen und das bunte Treiben auf der Elbe zu  bestaunen. Heute malt und schreibt sie mit großem Vergnügen Geschichten, die im und auf dem Wasser spielen.

Noch mehr Lesespaß!

ISBN 978-3-7432-0132-3

ISBN 978-3-7432-0254-2

ISBN 978-3-7432-0294-8

ISBN 978-3-7432-0293-1

Das will ich lesen!